I0197385

BIBLIOTHÈQUE
DU THÉATRE MODERNE

LA
PANTOMIME
DE L'AVOCAT

EN UN TABLEAU

PAR

CHAMPFLEURY

MUSIQUE DE BOCCHERINI (ORCHESTRÉE PAR CONSTANTIN)

Représentée sur le théâtre des Fantaisies Parisiennes, le 2 décembre 1865.

50 centimes.

PARIS
LIBRAIRIE CENTRALE
24, BOULEVARD DES ITALIENS, 24

1865
— Tous droits réservés. —

BIBLIOTHÈQUE DU THÉATRE MODERNE

LA PANTOMIME DE L'AVOCAT

EN UN TABLEAU

PAR

CHAMPFLEURY

MUSIQUE DE BOCCHERINI (ORCHESTRÉE PAR CONSTANTIN)

Représentée sur le théâtre des Fantaisies Parisiennes, le 2 décembre 1865.

PARIS
LIBRAIRIE CENTRALE
24, BOULEVARD DES ITALIENS, 24

1866.
— Tous droits réservés. —

PERSONNAGES :

PIERROT, clerc.............. MM. Charles Deburau.
CASSANDRE, procureur........ Vautier.
ARLEQUIN................... Luigi Bossi.
COLOMBINE, fille de Cassandre. Mlle Rosine Bonheur.

(La scène se passe chez un procureur du dernier siècle).

Cette pantomime d'une trame légère a été écrite spécialement pour M. Charles Deburau, à l'effet de lui permettre divers jeux de physionomie dans lesquels excelle ce comédien distingué.
M. Vautier a prêté à la pièce sa longue expérience pantomimique.
L'arlequin Luigi Bossi s'est montré digne du pays où il est né.
L'auteur doit des remerciements à mademoiselle Rosine Bonheur, une Colombine gaie et charmante comme son nom.
M. Constantin, chef d'orchestre, n'a pas reculé devant l'énorme et pénible tâche d'orchestrer des fragments de quintette de Boccherini que l'auteur avait désignés expressément pour colorer la nouvelle pantomime de ses vieillottes et spirituelles mélodies.

LA
PANTOMIME DE L'AVOCAT

Le théâtre représente l'intérieur d'un cabinet d'avocat, homme d'affaires. Bibliothèque; gros volumes. — Cartonnier avec de grosses étiquettes voyantes : USUFRUIT, RAPT, SÉDUCTION. — Pupitre élevé à hauteur d'homme, dit pupitre à crémaillère. — Table, et tout ce qu'il faut pour écrire. — Un porte-manteau auquel sont accrochées une toque et une robe d'avocat.

SCÈNE PREMIÈRE.

CASSANDRE, seul.

Cassandre, en robe de chambre, est occupé à mettre en ordre un volumineux dossier pour l'audience. Il s'aperçoit qu'une pièce lui manque, ouvre divers cartons de son cartonnier et, ne trouvant pas ce qu'il cherche, il sonne. Personne ne répond ; avec impatience, il continue ses recherches et sonne de nouveau; son dossier d'une main, la sonnette de l'autre, il parcourt le théâtre avec irritation et sonne toujours.

SCÈNE II.

CASSANDRE, PIERROT.

Pierrot, en habits noirs usés et étriqués, paraît en se frottant les yeux.

— Où se trouve le dossier que je cherche? *dit Cassandre.*

Pierrot lui bâille au nez. Cassandre secoue son clerc paresseux et lui répète sa question.

— Quel dossier? *demande Pierrot.*

Cassandre va au cartonnier et lui montre un carton sur lequel est écrit : BIENS PARAPHERNAUX!

— C'est l'affaire que je dois plaider aujourd'hui, *dit Cassandre.*

— Je ne sais où ce dossier est fourré, *répond Pierrot,* mais attendez un instant!

Il va frapper à une porte.

SCÈNE III.

CASSANDRE, PIERROT, COLOMBINE.

Colombine sort de sa chambre et sourit à Pierrot dont la figure s'illumine de bonheur. Il la prie de chercher avec lui la pièce que réclame Cassandre. C'est une occasion pour les amoureux de se serrer la main et d'embrouiller tous les papiers de l'étude. Cassandre surprend leur manége; au comble de la colère, il sépare Pierrot et Colombine.

— Rentrez chez vous, *dit-il à sa fille en la congédiant;* et toi, Pierrot, si jamais je te vois faire la cour à Colombine, je te chasse!...

Ce qui n'empêche pas les deux amoureux de s'envoyer des baisers.

SCÈNE IV.

PIERROT, CASSANDRE.

Enfin Cassandre met la main sur le dossier qu'il cherchait. Il quitte sa robe de chambre, se fait mettre une grande cravate blanche par Pierrot, passe un large habit noir et recommande à son clerc de beaucoup travailler. Pierrot prend sur son bureau une énorme plume, la montre à son patron, et se fait fort d'abattre une besogne considérable. Mais avant de travailler, il est utile de manger, Pierrot a faim!

— Gourmand, toujours penser à manger! *s'écrie Cassandre.*

Il va au cartonnier, ouvre le carton sur lequel est écrit : USUFRUIT, et en tire un morceau de pain sec. Dédaigneusement Pierrot frappe la table avec le vieux morceau de pain dur et demande à Cassandre s'il est possible de s'engraisser avec une pareille nourriture.

— Comme tu as une grosse besogne à abattre, *dit Cassandre,* je vais te donner quelque chose de bon, que je réservais pour ma table.

Pierrot saute de joie. Avec un certain mystère, Cassandre ouvre le tiroir du grand pupitre fermé à clef, prend un petit paquet entouré de papiers, enlève diverses enveloppes et finalement en retire un mince morceau de fromage.

— Qu'il est petit! *s'écrie Pierrot.*

— Mais il est si exquis! *dit Cassandre qui flaire le fromage avec délices.*

— Pouah! Il est empoisonné! *dit Pierrot.*

— Comme tu voudras, mon garçon, *reprend Cassandre,* alors je le garderai pour moi.

Il fait mine de remettre le fromage dans le pupitre. Pierrot le redemande avec instance. Alors Cassandre, prenant son couteau, divise la languette de fromage en deux, puis en quatre, en donne à Pierrot la valeur d'un dé à coudre, et réintègre soigneusement le reste dans le papier, puis dans le pupitre. Pierrot fait la grimace en approchant le petit morceau de fromage de son gros morceau de pain dur. Enfin, Cassandre part, son dossier sous le bras. Pierrot le suit de l'œil jusqu'à la porte.

SCÈNE V.

PIERROT, COLOMBINE.

A peine Cassandre est-il sorti que Pierrot appelle Colombine qui accourt. Scène d'amour interrompue tout à coup par la grosse toux de Cassandre au dehors. Colombine se sauve. Pierrot s'assied avec précipitation devant son bureau.

SCÈNE VI.

PIERROT, CASSANDRE.

Pierrot, pour faire croire qu'il travaille, agite ses bras, remue les papiers, renverse un encrier sur la table et éponge l'encre avec ses mains, avec sa langue. Cassandre lui frappe sur l'épaule. Il est rentré parce que sa cravate danse autour de son cou; Pierrot a oublié de l'ajuster avec une épingle. Pierrot ajuste la cravate.

— *A la bonne heure! se dit Cassandre qui, se croyant bien cravaté, prend une mine imposante et sort en se rengorgeant.*

Cassandre parti, Pierrot éclate de rire. Cassandre rentre, ayant entendu ces éclats.

— Pourquoi ris-tu ? *demande-t-il.*

(Pierrot fait mine de pleurer sur son encrier renversé.)

— Mets tes bouts de manche, *dit Cassandre,* cela préservera tes habits ; et surtout travaille !

(Il sort.)

SCÈNE VII.

PIERROT, *puis* COLOMBINE.

Pierrot regarde son pain avec mélancolie, en se disant quels maigres repas il est condamné à faire dans la maison. Mais Colombine entre, portant un panier plein de provisions délicates : du vin, des biscuits, des gâteaux. Scène de gourmandise amoureuse entre les deux amants. Assis sur de hauts tabourets, ils dressent la table sur le pupitre à crémaillère. Pierrot vole des biscuits aux lèvres de Colombine.

— Assez d'amusements ! *dit Colombine à Pierrot,* il est temps de te mettre au travail.

— Je veux bien, *répond Pierrot,* à la condition que tu travailleras à côté de moi !

Colombine prend sa broderie et s'installe auprès de la table de l'amoureux. Pierrot taille sa plume et manifeste sa joie d'être tout près de celle qu'il aime. Il essaie d'écrire.

— Ma plume ne va pas, *dit-il,* elle crache, grince sur le papier, et toujours quelque obstacle se loge dans le bec.

— Comme mon fil! *s'écrie Colombine.* Tu me l'as tout emmêlé en jouant avec moi !... Allons, monsieur, il faut m'aider à le démêler... A genoux, et tenez bien l'écheveau entre vos deux mains.

(Pierrot obéit aux ordres de sa maîtresse.)

SCÈNE VIII.

ARLEQUIN, PIERROT, COLOMBINE.

Arlequin passe sa tête à la porte du fond, reste émerveillé de ce spectacle, et dans son trouble, renverse une chaise! Effrayé, Pierrot regarde de côté et d'autre, court à travers la pièce, l'écheveau de fil passé entre les mains, quoique Colombine le rappelle, l'assurant qu'il s'est trompé, que personne n'est entré. Pierrot reprend sa position à genoux et lutine Colombine en l'entretenant de sa flamme. Arlequin est revenu sournoisement. Lui aussi est amoureux de Colombine. Il voudrait battre son heureux rival et n'ose. Pour étudier plus à son aise les deux amants, il se glisse dans la chambre de Colombine. Cependant Pierrot, repoussé dans ses hardiesses amoureuses, en arrive à proposer sa main à Colombine.

— Jamais mon père n'y consentira, *dit Colombine.*
Cette réponse rend Pierrot soucieux. Il aime la jeune fille et cherche à lui prouver son amour. Il fait mille serments à Colombine, la prend dans ses bras et lui propose de l'enlever! Colombine se dégage des étreintes brûlantes de Pierrot qui la poursuit à travers l'étude. Tout à coup une idée s'empare de Pierrot en apercevant la robe noire de Cassandre pendue à un porte-manteau. Lui aussi pourrait plaider en public, gagner beaucoup d'argent, et mériter la main de celle qu'il aime.

— Certainement, *dit Colombine qui l'encourage dans ce beau projet.*

Pierrot ayant endossé la robe noire, se promène fièrement. Il pose sur sa tête la toque, prie Colombine de lui nouer le rabat, se regarde dans un miroir que lui présente la fille de Cassandre, et s'admire avec complaisance.

— Faudra-t-il prendre ce ton? *demande-t-il à Colombine en bredouillant à l'aigu.*

— Plus bas ! *dit Colombine.*

(Pierrot prend une voix grave et commence un discours.)

— Très-bien, *dit Colombine.*

Alors, Pierrot entreprend de répéter une scène de consultation. Colombine, la tête couverte d'une mantille, feint d'être une veuve sans fortune venant supplier un avocat de plaider pour des orphelins; mais elle trouve que Pierrot prend trop de libertés avec les veuves, et elle l'engage à plus de réserve à l'avenir. Arlequin, qui a suivi ces divers jeux de scènes, est tellement occupé du spectacle, qu'il laisse tomber sa batte sur le plancher ; l'ayant ramassée, il rentre immédiatement dans la chambre de Colombine. Cette fois, Pierrot a parfaitement reconnu que quelqu'un s'est glissé dans l'appartement. Il cherche de quel coin est parti le bruit. Colombine, qui a ouvert la porte de sa chambre, fait signe à Pierrot qu'un étranger s'y est introduit. Pierrot à son tour ouvre la porte et balance avant d'entrer, craignant une lutte. Mais il pense que sa toque le rendra inviolable, et l'ayant posée d'une façon menaçante sur la tête, il se met en mesure de tirer Arlequin qui, honteux, sort de sa cachette. Pierrot devient jaloux. Pour se défendre, Colombine dit qu'Arlequin la fatigue de ses assiduités, qu'elle lui a déclaré qu'elle ne pouvait le souffrir, et que, malgré tout, Arlequin ne cesse de la poursuivre.

— S'il en est ainsi, *dit Pierrot*, nous allons voir.

Une lutte s'engage alors entre les deux amoureux, quoique Colombine essaie de les séparer. L'irritation des rivaux est au comble, lorsque tout à coup Cassandre paraît.

SCÈNE IX.

CASSANDRE, ARLEQUIN, PIERROT, COLOMBINE.

D'abord, Cassandre reste surpris à la vue de son clerc en robe noire. Il veut la lui enlever et donne un soufflet à Pierrot, qui le rend à Arlequin. Colombine se jette au-devant de son père pour apaiser sa colère. Cassandre furieux poursuit Pierrot qui se réfugie sur une estrade. Colombine, pour se ménager un allié, laisse baiser sa main par Arlequin, ce qui redouble la fureur de Cassandre. Tour à tour il poursuit ses deux adversaires. Pierrot excite Arlequin à se venger, se joint à lui, et Cassandre est renversé sur le banc d'accusé. Cassandre, quoique plein de rage, est forcé de subir l'interrogatoire de Pierrot qui feuillette un gros livre en prononçant un discours qui appelle sur la tête du coupable de graves châtiments. C'est un véritable réquisitoire de procureur général que prononce Pierrot qui accentue son discours de coups de pied sur le plancher de l'estrade. Pierrot s'ingénie à donner à sa toque diverses formes qui ont leur importance. La toque, dans les cas de graves condamnations, devra être menaçante et élevée. Il faut qu'on puisse aplatir la toque, l'allonger en sens divers et qu'elle suive les différentes inflexions de la physionomie. Plusieurs fois, pendant ce terrible réquisitoire, Cassandre veut fuir; mais il est sous la garde d'Arlequin qui, la batte au port d'armes, veille sur l'accusé comme un gendarme. Pendant que Pierrot se recueille avant de prononcer son jugement, Cassandre implore l'assistance de Colombine; mais elle répond

qu'elle ne peut que s'incliner devant la volonté de Pierrot.
Pierrot ayant agité la sonnette, se lève debout et tire de son
gros volume une pancarte sur laquelle est écrit : CONDAMNÉ
A MORT POUR AVOIR INSULTÉ A LA MAJESTÉ DU TRI-
BUNAL. Cassandre anéanti demande à genoux qu'on lui fasse
grâce. Pierrot, prenant Colombine par la main, dit à Cassandre
qu'il échappera à cette terrible condamnation, s'il veut lui accor-
der la main de sa fille. Lui aussi Arlequin se présente ; mais Colombine, pour s'en débarrasser, lui fait présent d'une bouteille de vin
avec laquelle il se console immédiatement. Cassandre consent au
mariage des deux amoureux. Pierrot au comble de la joie prend
Colombine dans ses bras et lui donne un gros baiser. Puis, la
tenant par la main, il s'avance avec elle vers le public, au coin
de la scène à droite, puis au coin gauche, puis au milieu, et re-
vient vers Cassandre.

— Ne consacrerez-vous pas notre union par quelque di-
vertissement? dit Pierrot à Cassandre.

Arlequin, pour se venger, a voulu mettre le feu à l'étude, Cassandre s'empare de sa chandelle. Alors, les deux amants, la tête
courbée, les mains l'une dans l'autre, reçoivent des mains de
Cassandre le baptême de petits feux de Bengale.

Ainsi finit la *Pantomime de l'avocat.*

FIN.

Paris. — Typ. Walder, rue Bonaparte, 44.

EN VENTE A LA MÊME LIBRAIRIE.

L'ÉTÉ D'UN FANTAISISTE, comédie-vaudeville en un acte, par M. Édouard Brisebarre, représentée au théâtre du Vaudeville, 1 volume grand in-18.................................. 1 fr.

LA VISITE DU MATIN, comédie-vaudeville en un acte, par M. Édouard Brisebarre, représentée au théâtre des Folies-Dramatiques, 1 volume in-18.......................... 1 fr.

SAUVÉ, MON DIEU! vaudeville en un acte, par MM. H. Rochefort et Pierre Véron, représenté au théâtre du Vaudeville, 1 volume in-18... 1 fr.

LE NID, comédie en un acte, par M. S. Bondon, représentée au théâtre du Vaudeville, 1 volume grand in-18............ 1 fr.

LES PETITES COMÉDIES DE L'AMOUR, opérette en un acte, par MM. Dutertre et A. Lemonnier, représentée au théâtre du Vaudeville, 1 volume in-18................................... 1 fr.

LE COUP DU LAPIN, vaudeville en un acte, de MM. de Lustières et J. Vizentini, représenté au théâtre Déjazet, 1 volume in-18... 1 fr.

UNE FANTASIA, opérette en un acte, par M. Ch. Nuitter, musique d'Hervé, représentée au théâtre des Variétés, 1 vol. in-18. 1 fr.

LA BOUGIE ROSE, comédie en un acte, de M. Charles Joliet, précédée d'une étude sur le Comité de lecture du Théâtre-Français, 1 volume grand in-18 jésus................. 1 fr. 50

LA VACHE ENRAGÉE, pièce en trois actes et huit tableaux, par M. Édouard Brisebarre, représentée au théâtre des Folies-Dramatiques, 1 brochure in-8°...................... 50 c.

LA FOIRE AUX GROTESQUES, par Pierre Véron, 1 volume grand in-18 jésus................................. 3 fr.

Paris. — Typographie Walder, rue Bonaparte, 44.

www.ingramcontent.com/pod-product-compliance
Lightning Source LLC
Chambersburg PA
CBHW061609040426
42450CB00010B/2385